TOM VIAJA EN EL TIEMPO

Antiguo Egipto

Acerca del antiguo Egipto

El antiguo Egipto se fundó alrededor de las tierras que rodean el río Nilo, donde se encuentra Egipto en la actualidad. Los primeros pobladores comenzaron a construir ciudades hace más de 6000 años, y 900 años después de que el primer rey o **FARAÓN** unificase el país. La vida y la cultura del antiguo Egipto prosperaron a lo largo de milenios bajo el gobierno de distintos mandatarios, y se construyeron templos y pirámides increíbles que aún hoy se mantienen en pie. Puede que algunos de los lugares que Tom visita en este libro no coexistieran en la misma época, pero todos ellos forman parte de la cultura y la historia del antiguo Egipto.

Prepárate para conocer a...

Tom

La abuela Bea

El gato Ulises

y para localizar el escarabajo oculto en cada escena.

Traducido por Pepa Arbelo

Título original: *Find Tom in Time: Ancient Egypt*
Esta traducción ha sido publicada mediante un acuerdo con Nosy Crow Limited
Publicado en colaboración con el Museo Británico de Londres
© Del texto: Nosy Crow, 2019
© De las ilustraciones: Fatti Burke, 2019
© De esta edición: Grupo Editorial Luis Vives, 2020

ISBN: 978-84-140-2444-7
Depósito legal: Z 1410-2019

Impreso en China

Índice

INTRODUCCIÓN

Tom es un chico corriente. Bueno, más o menos. Es listo, valiente y le encantan las aventuras.

La abuela de Tom, Bea, es una abuela normal, más o menos. Es lista, valiente, además de un poco traviesa, y le encantan las aventuras. Menos mal, ya que su trabajo consiste en excavar entre la tierra y el polvo para descubrir cómo se vivía en otras épocas. La abuela Bea es **ARQUEÓLOGA**.

Al gato de la abuela Bea, Ulises, no le gusta excavar entre la tierra y el polvo. Ni mojarse. Ni saltarse ninguna comida. En realidad, a Ulises no le gustan las aventuras en absoluto. Prefiere buscar algún sitio cómodo y blandito donde echar una cabezada.

Una tarde como otra cualquiera, la abuela Bea llamó a Tom a su despacho.

—Toma —le dijo mientras le acercaba una gran bolsa de tela para que la cogiese—. Pensé que quizá querrías echarle un vistazo a esto —añadió, mostrándole un pequeño objeto azul con forma de ojo.

—¿Qué es? —preguntó Tom, sin pararse a pensar en la bolsa.

EGIPTO

—Es un **AMULETO** —dijo la abuela Bea—. Los antiguos egipcios los usaban para protegerse de cualquier peligro. Y creían que este símbolo con forma de ojo cuidaba de los niños.

Tom extendió la mano para tocar el amuleto y... **¡ZAS!**

LAS PIRÁMIDES

Tom estaba en el antiguo Egipto. No podía creerlo.
¿Sabía la abuela lo que iba a pasar? Se encontraba
en el desierto, rodeado de pirámides imponentes.
De repente, Ulises saltó de la bolsa que Tom sujetaba
y escapó. ¡Seguro que estaba durmiendo dentro!
¿Dónde se habría metido ese gato travieso?

¿PUEDES ENCONTRAR...?

- Una esfinge
- A un niño vestido de momia
- A Tom
- A un trabajador que ha tropezado
  y derramado el agua
- A alguien comiendo
- Al gato Ulises
- A un sacerdote con una piel de leopardo

Las pirámides se construyeron utilizando
pesados bloques de piedra que transportaban
en barco desde **CANTERAS** cercanas
y que remolcaban mediante rampas en **TRINEOS**
de madera. Este es el motivo por el que
las pirámides se edificaron cerca del río Nilo.

Las pirámides se idearon para proteger el cuerpo
y las pertenencias de los **FARAONES** tras su muerte.
Desde que un faraón llegaba al poder, comenzaba
a planificar su pirámide, ya que para construirla podían
necesitar hasta 25 000 hombres trabajando
durante 20 años.

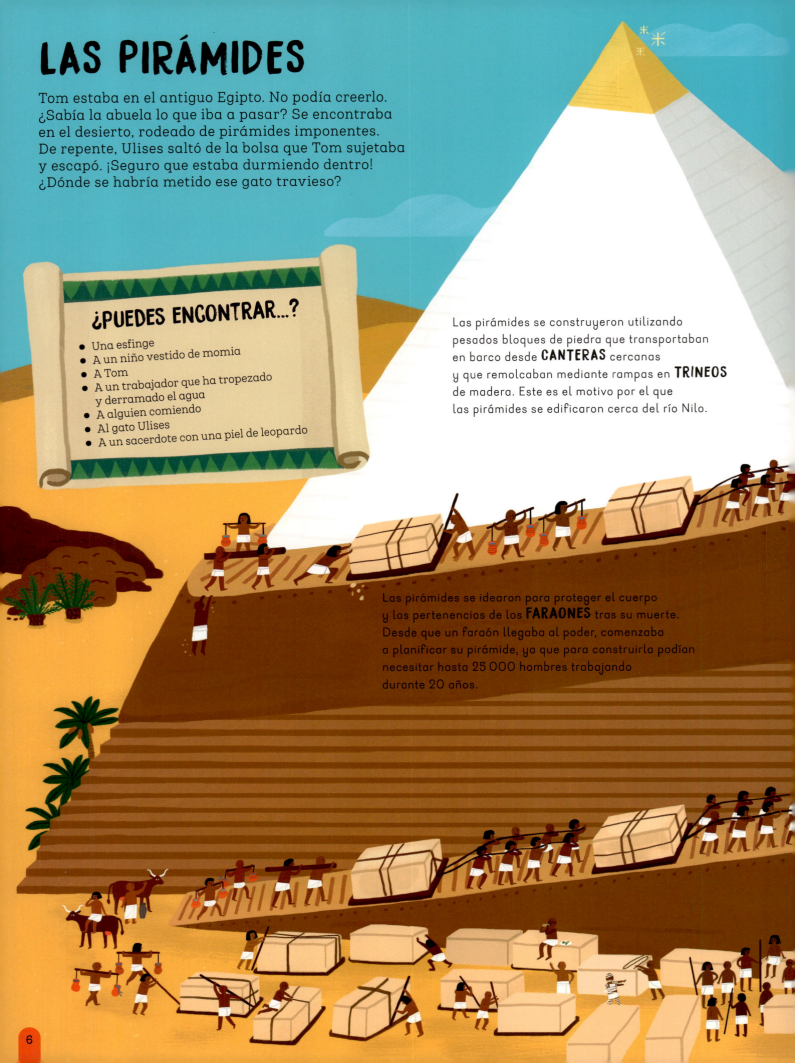

Delante de las pirámides habían colocado una estatua enorme llamada **«ESFINGE»**. Tenía el cuerpo de un león y la cabeza de un faraón.

7

EL CORTEJO FÚNEBRE

Cerca de Tom pasó un cortejo fúnebre y un sacerdote se quedó mirándolo con los ojos entornados. ¡Vaya! Necesitaba un disfraz. Por suerte encontró unas ropas extrañas en la bolsa que la abuela Bea le había dado. «Qué raro –pensó mientras se las ponía–. Es como si supiera que iba a necesitarlas».

De repente, divisó a Ulises.

os antiguos egipcios creían que cuando alguien moría
mprendía un viaje al **MÁS ALLÁ**. Esa persona solo
odía acceder allí si superaba una serie de pruebas.
O días después de su muerte celebraban
n funeral para ayudarla a prepararse.

¿PUEDES ENCONTRAR...?

- Al gato Ulises
- A dos flautistas
- Una máscara de chacal
- A Tom
- A un niño que sostiene una vasija
- Un halcón
- A una mujer sujetando rollos de papiro

Durante el cortejo fúnebre, la familia y los amigos iban
detrás del ataúd echándose tierra por la cabeza y golpeándose
los brazos y el cuerpo con las manos como muestra
de su tristeza. Los sirvientes los seguían más atrás, cargados
con los objetos que se enterrarían con el fallecido,
mientrcs que los sacerdotes encabezaban el cortejo.

Las mujeres cantaban
canciones tristes y fingían
ser las diosas **ISIS** y **NEFTIS**,
que eran las **DOLIENTES**
más importantes en la religión
del antiguo Egipto, mientras
que otras personas tocaban
instrumentos.

EL ENTERRAMIENTO DE UNA MOMIA

Tom siguió al cortejo fúnebre hasta una pirámide. Un sacerdote con máscara de chacal colocó en vertical un reluciente ataúd dorado y entonó un cántico. Era algo impresionante, aunque también daba un poco de miedo.

Justo en ese momento, un gato salió a toda prisa de la pirámide y atravesó la multitud de dolientes. ¿Sería Ulises?

¿PUEDES ENCONTRAR...?

- A un escriba dibujando en un papiro
- A Tom
- Un gato momificado
- Al gato Ulises
- Un par de sandalias reales doradas
- A un invitado echando una cabezada
- Un cesto de huevos

Los antiguos egipcios creían que para llegar al más allá necesitarían conservar su cuerpo en forma humana, por lo que a los faraones, a las personas ricas e incluso a algunos animales se los convertía en momias.

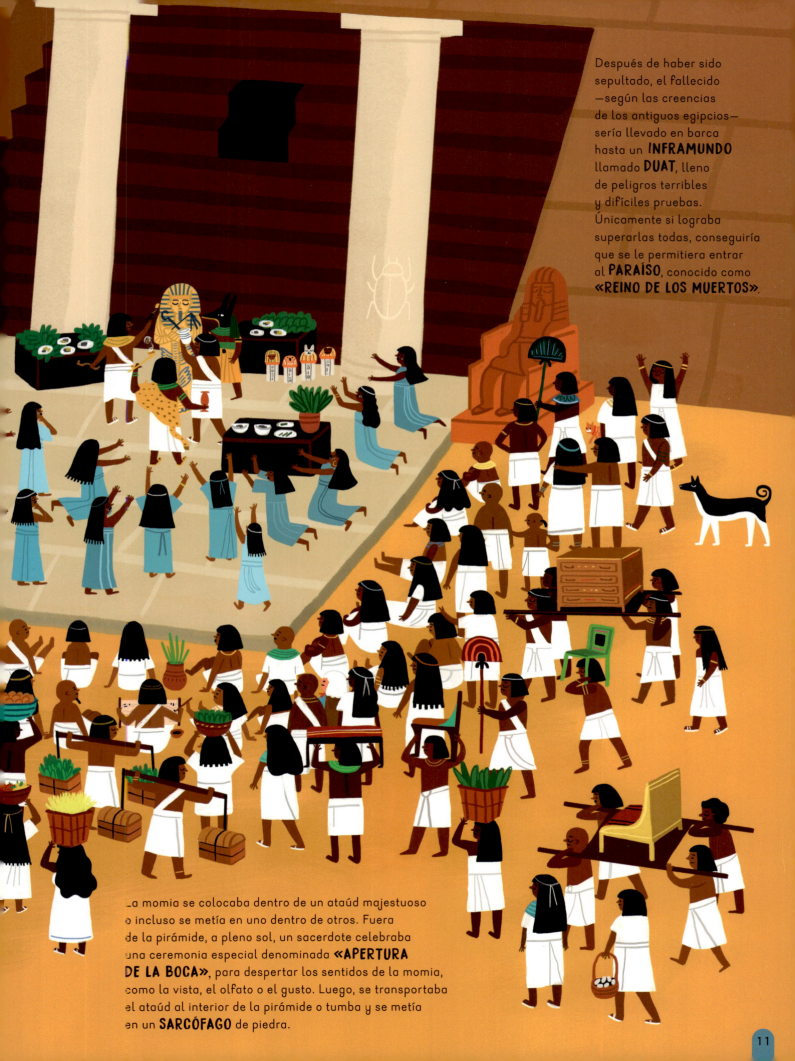

Después de haber sido sepultado, el fallecido —según las creencias de los antiguos egipcios— sería llevado en barca hasta un **INFRAMUNDO** llamado **DUAT**, lleno de peligros terribles y difíciles pruebas. Únicamente si lograba superarlas todas, conseguiría que se le permitiera entrar al **PARAÍSO**, conocido como **«REINO DE LOS MUERTOS»**.

La momia se colocaba dentro de un ataúd majestuoso o incluso se metía en uno dentro de otros. Fuera de la pirámide, a pleno sol, un sacerdote celebraba una ceremonia especial denominada **«APERTURA DE LA BOCA»**, para despertar los sentidos de la momia, como la vista, el olfato o el gusto. Luego, se transportaba el ataúd al interior de la pirámide o tumba y se metía en un **SARCÓFAGO** de piedra.

EL RÍO NILO

Tom cruzó la multitud persiguiendo a Ulises. Poco después se encontró junto a un río enorme. Solo se veían barcos y personas con cestas y cajas.

Descubrió unas huellas de zarpas que se dirigían hacia el río, pero no logró distinguir a Ulises. Quizá ese gato travieso estuviera durmiendo en algún rincón...

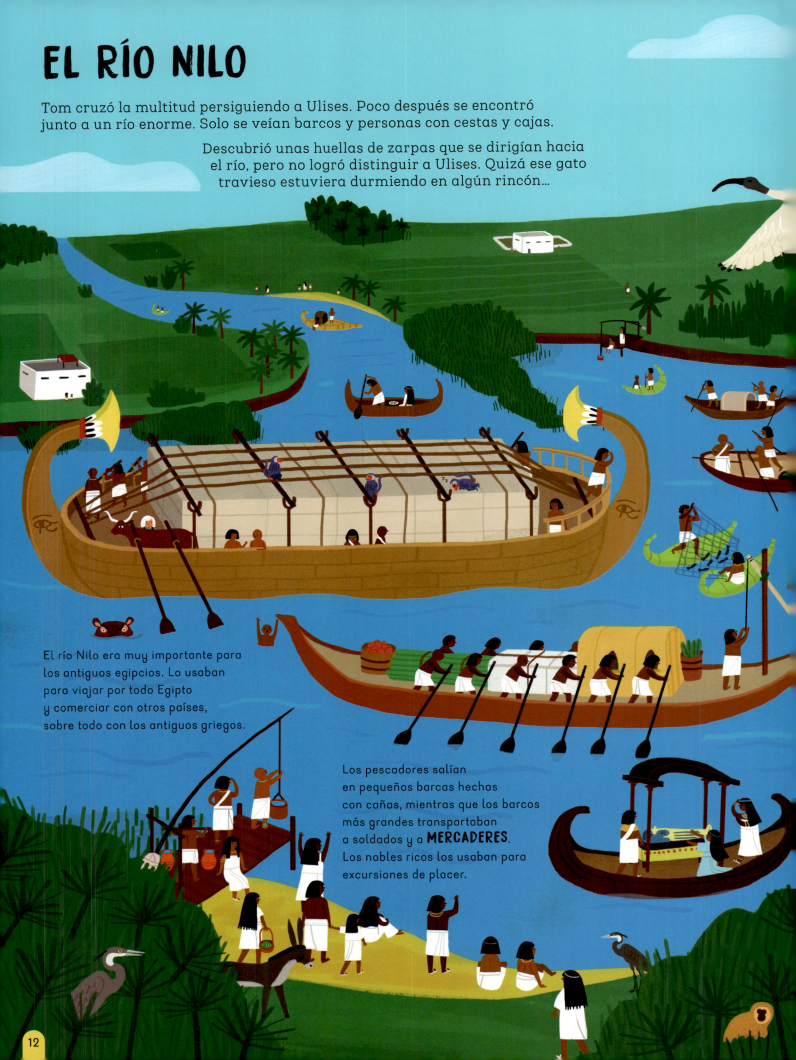

El río Nilo era muy importante para los antiguos egipcios. Lo usaban para viajar por todo Egipto y comerciar con otros países, sobre todo con los antiguos griegos.

Los pescadores salían en pequeñas barcas hechas con cañas, mientras que los barcos más grandes transportaban a soldados y a **MERCADERES**. Los nobles ricos los usaban para excursiones de placer.

Los barcos llegaban al antiguo Egipto cargados de madera de cedro y **ÉBANO**, piedras y metales preciosos, pieles de leopardo, especias y animales exóticos como los mandriles. A su vez, los egipcios vendían cereales, **PAPIROS**, perfume, **ALUMBRE** y **NATRÓN** (que se empleaban para teñir tejidos).

¿PUEDES ENCONTRAR...?

- Al gato Ulises
- Dos símbolos protectores con forma de ojo
- Un hipopótamo con aspecto enfadado
- A Tom
- A un pescador que se ha caído
- Un mandril dormido
- A un noble y su perro pasando el día en el río

Los hipopótamos y los cocodrilos podían hacer volcar las barcas con facilidad. Cazar hipopótamos con lanzas era un deporte popular, ¡y peligroso!

LOS CAMPOS DE CULTIVO

De repente, un pescador cayó al agua y lo salpicó todo. Ulises, calado y enfadado, saltó de una de las barcas y salió huyendo.

Mientras lo perseguía, Tom vio a unos agricultores trabajando en el campo. Estaban completamente embarrados. ¿Dónde se habría metido Ulises?

14

Los agricultores tenían una gran importancia en el antiguo Egipto, ya que se encargaban de las cosechas y de las vacas. Su trabajo era muy duro. Cada año, el Nilo se desbordaba y eso aportaba a la tierra muchos **NUTRIENTES** que hacían crecer sus cosechas. Pero durante las inundaciones, en lugar de descansar, los agricultores tenían que unirse a los miles de trabajadores que construían las pirámides.

¿PUEDES ENCONTRAR...?

- A niños recogiendo el cereal sobrante
- Dos monos cogiendo dátiles
- Al gato Ulises
- A Tom
- Un burro travieso
- A agricultores pisando uvas con los pies
- Una casa destruida por el agua

Los agricultores excavaban canales de agua desde el Nilo hasta los campos y las ciudades más alejadas. Utilizaban un *HADUF*, que era una larga pértiga de madera de cuyo extremo colgaba un cubo para recoger y transportar agua.

En lugar de máquinas y tractores, los agricultores usaban **BUEYES** que tiraban de los arados y labraban la tierra, burros que cargaban el cereal y monos que recogían los dátiles de las palmeras.

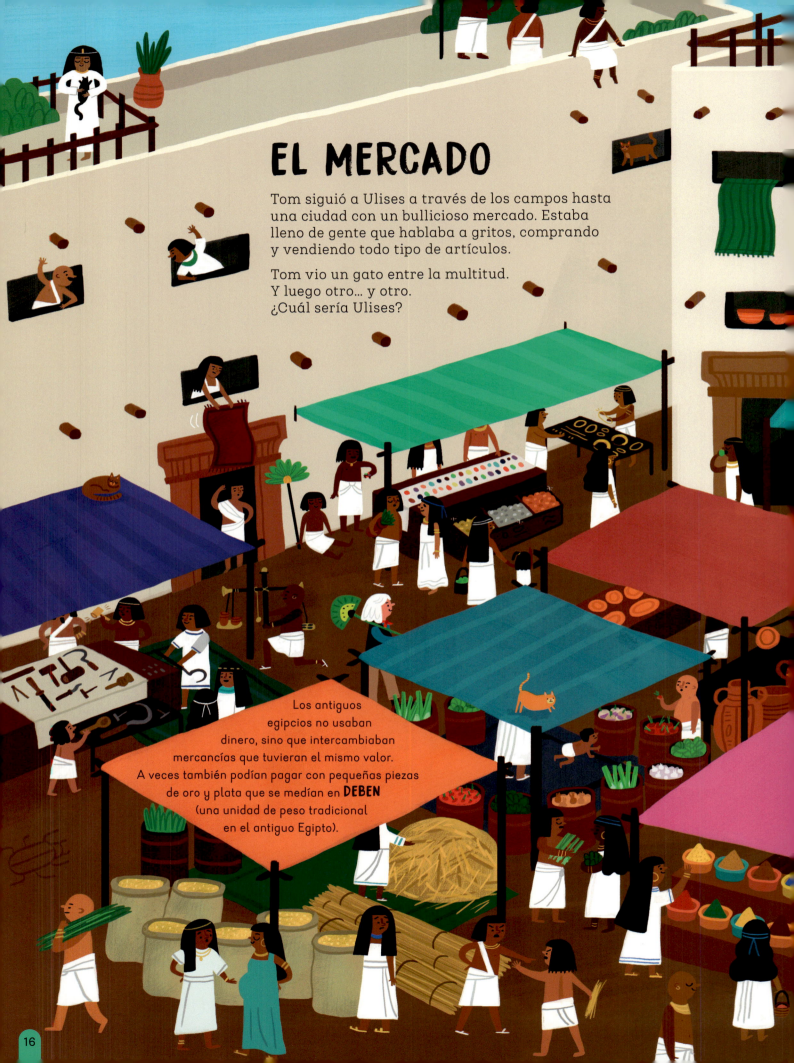

EL MERCADO

Tom siguió a Ulises a través de los campos hasta una ciudad con un bullicioso mercado. Estaba lleno de gente que hablaba a gritos, comprando y vendiendo todo tipo de artículos.

Tom vio un gato entre la multitud.
Y luego otro... y otro.
¿Cuál sería Ulises?

Los antiguos egipcios no usaban dinero, sino que intercambiaban mercancías que tuvieran el mismo valor. A veces también podían pagar con pequeñas piezas de oro y plata que se medían en **DEBEN** (una unidad de peso tradicional en el antiguo Egipto).

¿PUEDES ENCONTRAR...?
- A dos hombres discutiendo
- A Tom
- A una persona cargando un pesado saco de grano
- Un gato que ha robado un pescado
- Al gato Ulises
- A una mujer comprando amuletos
- Un puesto de herramientas

Un saco de trigo equivalía a 1 deben aproximadamente, mientras que una vaca valía unos 50 deben. A veces los antiguos egipcios llevaban una **BÁSCULA** para comprar y vender su mercancía.

El mercado era el lugar donde los antiguos egipcios compraban y vendían comida, herramientas y muebles. También donde se contaban cotilleos.

EL TEMPLO

Tom corrió tras Ulises y poco después se encontró delante de un gran templo. Los muros estaban decorados con figuras y símbolos graciosos, mientras que unas estatuas de aspecto fiero bordeaban la entrada.

¿Dónde estaría Ulises ahora? Tom confiaba en que no hubiera entrado...

¿PUEDES ENCONTRAR...?

- Al gato Ulises
- Una estatua con una zarpa de menos
- A una sacerdotisa cargando una estatua
- A Tom
- A acróbatas entreteniendo a la multitud
- Una estatua de un dios con aspecto de gato
- Un pájaro robando fruta de una ofrenda

Los templos eran lugares secretos y absolutamente **SAGRADOS** donde los antiguos egipcios creían que vivían sus dioses y diosas. Solo a los faraones, sacerdotes y sacerdotisas se les permitía la entrada. El resto rezaba fuera.

El templo lo custodiaban unas hileras de esfinges con cabeza de carnero. Los techos del interior estaban pintados con estrellas para parecerse al cielo, mientras que en las paredes se veían escenas de los faraones haciendo ofrendas a los dioses.

Los antiguos egipcios creían que había más de un centenar de diosas y dioses distintos. **RA** era el dios del Sol, **ISIS** era la diosa principal y tenía poderes mágicos, y **OSIRIS** era el dios de los muertos.

En ocasiones especiales, los sacerdotes sacaban al exterior las estatuas de los dioses para que todos pudieran verlas y venerarlas.

LA ESCUELA DE ESCRIBAS

Tom vio pasar un destello anaranjado. ¡Era Ulises! Dobló la esquina del templo y se topó con un grupo de chicos que escribían símbolos extraños en bloques de piedra.

Tom garabateó el dibujo de un gato en la arena. Uno de los chicos se rio de su dibujo y le señaló un gato que se alejaba del centro de la ciudad a gran velocidad: Ulises.

No eran muchos los niños que podían ir a la escuela en el antiguo Egipto. Los que lo hacían eran muy afortunados. Comenzaban cuando tenían 5 años y estudiaban durante 10 años más. Después, se convertían en **ESCRIBAS**.

Los escribas gozaban de mucho respeto en el antiguo Egipto porque sabían leer y escribir **JEROGLÍFICOS**, una forma de representar la lengua de esa época usando pequeños signos pictóricos. Los trabajos de los escribas eran muy variados: redactar los recibos de las ventas en el mercado, anotar los textos médicos, documentar las gloriosas hazañas del faraón e incluso copiar hechizos mágicos que se dejaban en las tumbas.

¿PUEDES ENCONTRAR...?

- A un sacerdote con una piel de leopardo escribiendo en la pared
- A un niño manchado de tinta
- A un escriba que ha roto su pincel de caña
- A un niño haciendo una pintada en un muro
- A un escriba durmiendo
- Al gato Ulises
- A Tom

Las niñas no podían ser escribas. Puede que algunas hubieran aprendido a leer y escribir, pero solo como entretenimiento. A ellas, en cambio, se les enseñaba a tejer telas y cestos o a hacer pan.

EL TALLER DE EMBALSAMADO

Tom levantó el pulgar para dar las gracias al chico y corrió tras Ulises hacia un edificio. Parecía una especie de taller. Dentro había una sala llena de personas, sacerdotes y... ¡cadáveres! Tom miró nervioso a su alrededor. Desde luego Ulises no querría quedarse allí mucho tiempo.

EMBALSAMAR un cuerpo era un proceso muy largo. Primero, se extraía el cerebro introduciendo un gancho por la nariz. Después, se hacía un pequeño corte en el costado izquierdo del cuerpo y se sacaban los órganos internos.

El hígado, los pulmones, los intestinos y el estómago se limpiaban y se guardaban en **VASOS CANOPES**. El corazón se dejaba dentro del cuerpo porque los antiguos egipcios lo consideraban el centro de la personalidad e inteligencia de una persona.

¿PUEDES ENCONTRAR...?

- Al gato Ulises durmiendo
- A Tom
- A un sacerdote vestido con una piel de leopardo echando una cabezada
- Una colección de amuletos
- Una olorosa ristra de ajos
- Un vaso canope roto
- A un escriba con demasiados pergaminos

El cuerpo se limpiaba con especias y vino de palma y se cubría con un tipo de sal especial llamada **NATRÓN** durante 40 días antes de lavarlo. El pecho y el vientre vacíos se rellenaban con lino, tierra o, a veces, resina.

Por último, se envolvía al fallecido con tiras de lino. Se colocaban amuletos protectores entre las capas de tela y se cubría la cabeza con una máscara. Luego metían la momia en un colorido ataúd de madera decorado con hechizos de protección para ayudarla en su viaje al más allá.

LA VIVIENDA

Tom tropezó con una larga cola naranja. ¡Ahí estaba Ulises! El gato huyó del taller asustado y regresó corriendo a la ciudad. Tom lo persiguió, pero el gato había vuelto a esfumarse. Tom se detuvo junto a una hilera de casas donde se oían voces y risas.

Las casas solían constar de 3 o 4 habitaciones: una sala principal, una despensa (con un sótano debajo), un dormitorio y un patio con cocina y una escalera a la azotea.

Las casas de los antiguos egipcios estaban hechas de ladrillos de adobe y tenían ventanas pequeñas y techos con azotea. Había pocos muebles, tan solo algunas mesas y taburetes. La mayoría de los egipcios dormían en esteras de **JUNCO** en el suelo o en la azotea.

Los egipcios tenían que comprar la comida a diario y cocinar su propio pan en hornos redondos y abiertos por arriba. La mayoría solo comía pan y pescado, aunque otros cultivaban sus propias frutas y verduras, o incluso tenían abejas para obtener miel.

A menudo, los animales entraban y salían de las casas egipcias. En cada una había un **SANTUARIO** donde la familia podía venerar a los dioses.

¿PUEDES ENCONTRAR...?

- A una mujer que ha quemado el pan
- Al gato Ulises
- A un hombre cayendo de la azotea
- A una mujer rezando en el santuario
- A Tom
- A un niño ayudando en casa
- Dos niños jugando con caballitos de madera

LA RESIDENCIA DE UN NOBLE

Tom divisó a Ulises cuando escapaba por una ventana de un brinco y se alejaba correteando por la carretera. Lo siguió hasta que el gato trepó el muro de una casa enorme e imponente.

Con mucho sigilo, se coló tras él. Esperaba no meterse en un lío.

Las casas de los antiguos egipcios más ricos podían tener una sala principal, una cocina, un almacén de cereales y un sótano, varios dormitorios, un santuario y un baño.

También tenían establos y unos hermosos jardines amurallados, en los que a veces había estanques de agua dulce con peces decorativos. Los sirvientes se encargaban de cambiar el agua con frecuencia para que se mantuviera fresca.

Los muebles de las grandes casas estaban hechos de maderas valiosas y también de **MARFIL** y oro. Las ventanas se encontraban a gran altura, con el fin de evitar que entrase el calor, y los muros se enlucían y decoraban con hermosos dibujos.

Los sirvientes y **ESCLAVOS** cuidaban de la casa y de la familia. Vivían en la parte de atrás de la residencia, y se ocupaban de todas las tareas de cocina, limpieza y jardinería.

¿PUEDES ENCONTRAR...?

- A un niño jugando con un sonajero
- A una esclava llevando un pescado
- A Tom
- A un esclavo abanicando a una mujer noble
- Un ganso enfadado persiguiendo a una niña
- Al gato Ulises
- A alguien que se ha caído al estanque

27

EL BANQUETE

De repente, Tom se encontró en medio de un festín colosal. Había mucha gente charlando y riendo, y el olor de la comida era una auténtica maravilla. A Ulises le encantaba comer, así que seguro que no andaba muy lejos.

Los egipcios ricos solían organizar **BANQUETES** para todas sus amistades. Los encargados de servir eran los esclavos y criados, mientras que los músicos y acróbatas ofrecían espectáculos para los invitados.

Las mujeres se colocaban en la cabeza unos conos de cera con un aroma dulce. A medida que la velada avanzaba, la cera se derretía y les refrescaba la cabeza, además de dejarles el pelo bonito y brillante.

¿PUEDES ENCONTRAR...?

- Un ratón robando comida
- A un sirviente con demasiados platos
- Al gato Ulises
- A una mujer cayéndosele el cono de cera
- A Tom
- A un invitado que ha derramado la bebida
- A tres personas en una azotea

Durante las fiestas, los anfitriones ocupaban una plataforma elevada, mientras que sus invitados se sentaban en taburetes. Como no había cuchillos ni tenedores, todos comían con las manos.

En estos festines a los invitados les servían platos como buey, **GACELA**, pato y ganso, además de montones de frutas y verduras, seguidos por dulces y pasteles. Toda la comida se preparaba en la azotea para evitar incendios.

LA FIESTA EN EL RÍO

Tom escuchó un maullido. ¡Era Ulises que huía con un trozo de pato! Fue tras él hasta el río, donde se celebraba una fiesta gigantesca. Costaba ver algo entre tanta gente. Tras mucho esfuerzo consiguió encontrarlo en brazos de... ¡la abuela Bea!

Durante el año se celebraban diferentes fiestas como homenaje a los dioses. En esas ocasiones, los sacerdotes llevaban sus estatuas hasta otros templos en barcos especiales pintados con oro.

¿PUEDES ENCONTRAR...?

- A un niño con su perro
- A una persona llevando pan
- Al gato Ulises y a la abuela Bea
- A tres sacerdotes vestidos con pieles de leopardo quemando incienso
- A un hombre con un pájaro
- A Tom
- Tres vacas con adornos ceremoniales

Los antiguos egipcios creían que, si tenían a sus dioses contentos, estos los protegerían de los peligros. También visitaban las **TUMBAS** de sus familiares durante las fiestas. Allí celebraban grandes festines y les llevaban ofrendas a sus parientes fallecidos.

Los sacerdotes y sacerdotisas más importantes encabezaban la marcha, portando hojas de palma y quemadores de **INCIENSO**. Los seguían las vacas que servirían de **SACRIFICIO** para los dioses y detrás iban los músicos y bailarines.

EN CASA

Tom fue corriendo hasta donde estaba la abuela Bea y la abrazó fuerte.

En ese mismo instante, se escuchó un **¡ZAS!**

De repente, Tom estaba en casa.

–¿Lo has pasado bien, Tom? –preguntó la abuela Bea, mientras Ulises se bajaba de sus brazos e iba directo hacia su mullida cestita.

Con mucho cuidado, la abuela colocó el amuleto con forma de ojo en una cajita de cristal sobre su mesa.

–¡Estuviste conmigo todo el tiempo! –respondió Tom.

–No creerías que te ibas a divertir solo tú, ¿verdad? –replicó la abuela guiñándole el ojo.

Ulises se limitó a ronronear.

¿Podrías volver atrás y encontrar a la abuela Bea en cada escena?

SOLUCIONES

LAS PIRÁMIDES
Páginas 6-7

- Una esfinge
- Un niño vestido de momia
- Tom
- Un trabajador que ha tropezado y derramado el agua
- Alguien comiendo
- El gato Ulises
- Un sacerdote con una piel de leopardo

EL CORTEJO FÚNEBRE
Páginas 8-9

- El gato Ulises
- Dos flautistas
- Una máscara de chacal
- Tom
- Un niño que sostiene una vasija
- Un halcón
- Una mujer sujetando rollos de papiro

EL ENTERRAMIENTO DE UNA MOMIA
Páginas 10-11

- Un escriba dibujando en un papiro
- Tom
- Un gato momificado
- El gato Ulises
- Un par de sandalias reales doradas
- Un invitado echando una cabezada
- Un cesto de huevos

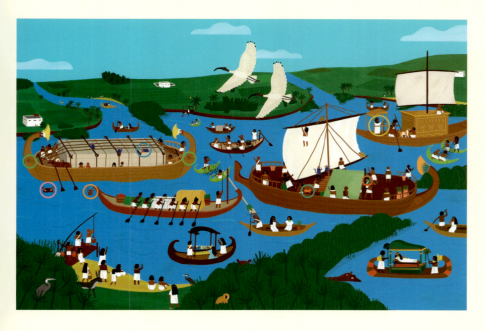

EL RÍO NILO
Páginas 12-13

- El gato Ulises
- Dos símbolos protectores con forma de ojo
- Un hipopótamo con aspecto enfadado
- Tom
- Un pescador que se ha caído
- Un mandril dormido
- Un noble y su perro pasando el día en el río

LOS CAMPOS DE CULTIVO
Páginas 14-15

- Niños recogiendo el cereal sobrante
- Dos monos cogiendo dátiles
- El gato Ulises
- Tom
- Un burro travieso
- Agricultores pisando uvas con los pies
- Una casa destruida por el agua

EL MERCADO
Páginas 16-17

- Dos hombres discutiendo
- Tom
- Una persona cargando un pesado saco de grano
- Un gato que ha robado un pescado
- El gato Ulises
- Una mujer comprando amuletos
- Un puesto de herramientas

EL TEMPLO
Páginas 18-19

- El gato Ulises
- Una estatua con una zarpa de menos
- Una sacerdotisa cargando una estatua
- Tom
- Acróbatas entreteniendo a la multitud
- Una estatua de un dios con aspecto de gato
- Un pájaro robando fruta de una ofrenda

LA ESCUELA DE ESCRIBAS
Páginas 20-21

- Un sacerdote con una piel de leopardo escribiendo en la pared
- Un niño manchado de tinta
- Un escriba que ha roto su pincel de caña
- Un niño haciendo una pintada en un muro
- Un escriba durmiendo
- El gato Ulises
- Tom

EL TALLER DE EMBALSAMADO
Páginas 22-23

- El gato Ulises durmiendo
- Tom
- Un sacerdote vestido con una piel de leopardo echando una cabezada
- Una colección de amuletos
- Una olorosa ristra de ajos
- Un vaso canope roto
- Un escriba con demasiados pergaminos

LA VIVIENDA
Páginas 24-25

- 🔵 Una mujer que ha quemado el pan
- 🟣 El gato Ulises
- 🔴 Un hombre cayendo de la azotea
- 🟢 Una mujer rezando en el santuario
- 🟠 Tom
- 🩷 Un niño ayudando en casa
- 🟡 Dos niños jugando con caballitos de madera

LA RESIDENCIA DE UN NOBLE
Páginas 26-27

- 🟠 Un niño jugando con un sonajero
- 🩷 Una esclava llevando un pescado
- 🔵 Tom
- 🟢 Un esclavo abanicando a una mujer noble
- 🟣 Un ganso enfadado persiguiendo a una niña
- 🔴 El gato Ulises
- 🟡 Alguien que se ha caído al estanque

EL BANQUETE
Páginas 28-29

- 🟡 Un ratón robando comida
- 🔵 Un sirviente con demasiados platos
- 🟣 El gato Ulises
- 🔴 Una mujer cayéndosele el cono de cera
- 🟢 Tom
- 🩷 Un invitado que ha derramado la bebida
- 🟠 Tres personas en una azotea

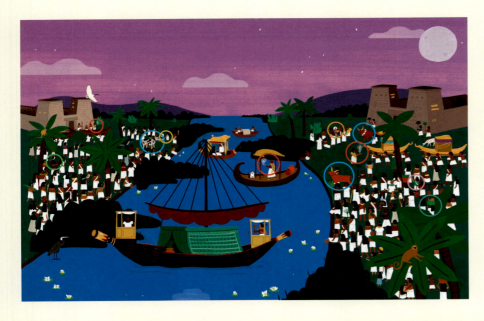

LA FIESTA EN EL RÍO
Páginas 30-31

- Un niño con su perro
- Una persona llevando pan
- El gato Ulises y la abuela Bea
- Tres sacerdotes vestidos con pieles de leopardo quemando incienso
- Un hombre con un pájaro
- Tom
- Tres vacas con adornos ceremoniales

GLOSARIO

ALUMBRE Sustancia química empleada para teñir tejidos y fabricar cuero

AMULETO Pequeño objeto o joya que se consideraba una protección contra el mal o los peligros

ARQUEÓLOGO Persona que se dedica a estudiar la historia de una cultura desenterrando y examinando objetos históricos

BANQUETE Gran fiesta de celebración de algún acontecimiento en la que participan muchas personas

BÁSCULA Aparato que se utiliza para pesar cosas

BUEYES Mamíferos lentos y de gran tamaño parecidos a las vacas

CANTERA Lugar de donde se extrae la piedra

CEREMONIA DE LA APERTURA DE LA BOCA Ceremonia celebrada en el exterior de una pirámide o tumba para despertar los sentidos de una momia y prepararla para su viaje al **DUAT**

DEBEN Medida de peso tradicional en el antiguo Egipto utilizada para calcular cuánto oro o plata había que pagar por algo

DOLIENTE Persona que acude al funeral de un amigo o familiar

DUAT Nombre que los antiguos egipcios daban al **INFRAMUNDO**

ÉBANO Madera oscura y de lento crecimiento procedente de un árbol que se cultiva en Egipto y en otros lugares cálidos

EMBALSAMAR Usar sal o sustancias químicas para evitar que un cuerpo se pudra

ESCRIBA Persona que sabía tanto leer como escribir **JEROGLÍFICOS**

ESFINGE Ser mitológico con cabeza humana y cuerpo de león

FARAÓN Rey o gobernante

GACELA Animal rápido y de pequeño tamaño parecido a un ciervo

INCIENSO Material que produce un aroma agradable cuando se quema

INFRAMUNDO El primer lugar al que los antiguos egipcios creían que viajaba una persona tras la muerte, y donde tenía que superar una serie de pruebas para entrar en el **PARAÍSO**

ISIS Diosa de la magia en el antiguo Egipto y esposa de **OSIRIS**

JEROGLÍFICOS Imágenes y símbolos que utilizaban los antiguos egipcios para escribir palabras y sonidos

JUNCO Planta de ribera usada para tejer cestos y esteras

MARFIL Material procedente de los dientes o colmillos de animales como los hipopótamos y elefantes

MÁS ALLÁ Comienzo de una nueva vida tras la muerte

MERCADER Persona que se gana la vida comprando y vendiendo cosas

NATRÓN Tipo de sal empleada para teñir telas o secar cadáveres como parte del proceso de **EMBALSAMADO** o momificación

NEFTIS Diosa protectora de los muertos en el antiguo Egipto

NUTRIENTES Sustancia que proporciona alimento a las plantas para que crezcan

OSIRIS Dios del **INFRAMUNDO** en el antiguo Egipto

PAPIRO Material similar al papel hecho de los tallos de un tipo de cañas

PARAÍSO Último lugar al que los antiguos egipcios creían que viajaba una persona tras pasar por el inframundo. Allí vivía junto a los dioses una réplica perfecta de su vida en la Tierra

RA Dios del Sol en el antiguo Egipto

REINO DE LOS MUERTOS Nombre que le daban los antiguos egipcios al **PARAÍSO**

SACRIFICIO Matar a un animal como ofrenda a un dios o dioses

SAGRADO Especial o santo

SANTUARIO Lugar de culto

SARCÓFAGO Ataúd de piedra

SHADUF Pértiga larga de madera de cuyo extremo colgaba un cubo para recoger y transportar agua

TRINEO Vehículo largo y estrecho colocado sobre unos rieles planos y que los antiguos egipcios utilizaban para desplazar pesados bloques de piedra sobre la arena

TUMBA Lugar donde se entierra a una persona fallecida, ya sea bajo tierra o en una construcción especial

VASOS CANOPES Cuatro recipientes especiales usados para guardar el hígado, los pulmones, los intestinos, así como estómago de una persona fallecida y que se enterraban junto a su momia

Índice alfabético